AF363346

CATALOGUE

DE LA BIBLIOTHÈQUE

DE LA

SOCIÉTÉ RÉPUBLICAINE D'INSTRUCTION

DE LA HAUTE-MARNE

LANGRES

Imprimerie du SPECTATEUR, 27, rue de la Boucherie, 27

—

1887

CATALOGUE

DE LA BIBLIOTHÈQUE

DE LA

SOCIÉTÉ RÉPUBLICAINE D'INSTRUCTION

DE LA HAUTE-MARNE

PHILOSOPHIE, MORALE, POLITIQUE

322. **Babin** (A.). — Petit dictionnaire d'Encyclopédie morale.
 73. **Barni** (J.). — La Morale dans la Démocratie.
181.   —   Manuel républicain.
180. **Bert** (P.). — La Morale des Jésuites.
1111. **Bonnafoy** (M.). — Honneur et Patrie.
664. **Brothier** (L.). — Histoire populaire de la Philosophie.
349. **Bruyère** (La). — Les Caractères.
352. **Condorcet.** — Tableau des Progrès de l'Esprit humain.
1247. **Courrier** (P.-L.). — Lettres.
999. **Delattre.** — Les Quatorze Péchés capitaux.
351. **Descartes.** — Discours de la Méthode.
185, 186. **Desouches** (Ch.). — Études élémentaires, politiques, sociales et philosophiques.
291. **Diderot.** — Paradoxe sur le Comédien, le Neveu de Rameau, Œuvres philosophiques.
671. **Enfantin.** — La Vie éternelle.
333. **Flammarion.** — Dieu dans la Nature.
232. **Flanklin.** — Mémoires.
303.   —   La Science du Bonhomme Richard.
925 **Freemann** (E.-H.). — La France régénérée par la Liberté.
1022 à 1024. **Gambetta.** — Discours et Plaidoyers politiques.
946. **Gauthier** (E.). — Quelle est la première des Vertus républicaines ?
1306. **Grévy** (J.). — Le Gouvernement nécessaire.

965. **Landelle** (de la). — L'Ecole de la Vie.
886. **Lefèvre** (A.). — La Renaissance du Matérialisme.
797. **Lefranc** (P.) — La République et les partis, 1848-1852.
178, 179. **Legouvé**. Les Pères et les Enfants au XIXe siècle.
320. **Linguet**. — Mémoires sur la Bastille. — De la Tyrannie.
653. **Meunier** (V.). — La Philosophie zoologique.
308. **Pascal**. — Pensées.
691. **Paulhan** (F.). — La Physiologie de l'Esprit.
1458. **Petit** (M.). — Le Courage civique.
1122. **Pigault-Lebrun**. — Le Citateur.
1142. **Poitevin** (Ch.). — La Patrie.
867. **Poupin** (V.). — Le Droit divin.
363. **Rousseau** (J. J.) — Le Contrat social. De l'Inégalité parmi les hommes.
1285.   —   Politique.
1819. **Proudhon** (P.-J.). — La Révo'ution sociale démontrée par le Coup d'E'at du 2 décembre.
918. **Ségur** (J.-A. de). — Les Femmes.
208. **Sylvio Pellico**. — Mes Prisons.
373. **Simon** (J.). — La Peine de Mort.
101. **Stahl** (P. J.). — Morale familière. — Contes et Récits.
539. **Triboulet** (E.). — Les Petits Grands Hommes.
888. **Vigny** (A. de). — Servitudes et Grandeurs militaires.
1272 à 1274. **Voltaire**. — Essai sur les Mœurs et sur les Nations.
686. **Zaborowski**. — L'origine du Langage.
1522. **Zurcher** et **Marjollé**. — L'Energie morale.

ÉCONOMIE POLITIQUE, SOCIALE ET LÉGISLATION

773. Barni (J.). — Manuel Républicain.
289. Bastiat. — Ce Qu'on voit et ce Qu'on ne voit pas.
351. Beccaria. — Traité des Délits et des Peines.
694. Bertillon (J). — La Statistique humaine de la France.
390. Bidault. — Code électoral.
782, 1030. Bloch (M.. — La Commune.
781.   —   Le Département.
780.   —   La France.
219, 779.   —   Petit Manuel d'Économie politique.
784.   —   Paris, Institutions administratives.
783.   —   — Paris, institutions municipales.
1333 Carlier. — Le Mariage aux États Unis.
390. Chassin (Ch.-L.). — Le Parlement républicain.
513. Clamageran. — La France républicaine.
483.   —   Des Résultats du Travail national depuis 1872.
652. Cristal (M.). — Les Délassements du Travail.
900, 911. — Desouches (h.). — Études élémentaires, politiques, sociales
          et philosophiques.
785. Fonet (C.). — Code manuel du Juré d'assises.
384, 786 —   Le Moniteur des Jurés d'assises.
707. Godin. — La Politique du Travail et la Politique des Privilèges.
708.   —   La Richesse au service du Peuple. — Le Familistère de Guise.
417. Guillermann. — De l'organisation judiciaire en France.
418.   —   De l'organisation maritime en France.
494. Guyot (Yves). — Études sur les Doctrines sociales du Christianisme.
654. Jourdan (G.). — De la Justice criminelle en France.
1143. Laurent (F.). — L'Épargne.
659. Leneveux (H.). — Le Budget du foyer.
682.   —   Paris municipal.
1139. Mably. — Des Droits et des Devoirs du Citoyen.
817, 818. Marcadet. — Éléments du Droit civil français.
380. Marlet (H.). — De la République.
419. Ménier. — Atlas de la Production de la Richesse en France.
924. Mesnu (H.). — De l'importance de l'Éducation dans une République.
649. Morin. — Résumé populaire du Code civil.
184. Noël (O.). — Autour du foyer. — Causeries Économiques et Morales.
706. Oudiganne (J.) et Pigot (Ch.). — Le Clergé français devant la loi
          française.
948. Persin (E.). — Une Leçon d'Économie politique à la Campagne.
183. Schulz Delizich. — Manuel pratique des Sociétés coopératives et
          productives.

381. **Sermini** (J.). — La Question ouvrière et l'Association.
398. **Souvirou** (A.). — Manuel des Conseillers municipaux.
680. **Stanley Jevons**. — L'Economie politique.
171. **Thiers** (A.). — De la Propriété.
898 899. **Ussel** (Vte Ph. d'). — Essai sur l'Esprit public dans l'Histoire.
849. **Vuillaume**. — Commentaires analytiques du Code Napoléon.
796. **Williams Ellès** — Leçons progressives de Science sociale.
484. Assemblée générale des Sociétés du Travail le 1er Septembre 1878.
712. Les 36 Codes français, 1844.

PÉDAGOGIE, ÉDUCATION

182. **Bréal**. — Quelques mots sur l'Instruction publique en France.
625. **Compayré** (G.). — Éléments d'Éducation civique et morale.
850, 851. — Histoire critique des Doctrines de l'Éducation en France, depuis le XVIᵉ siècle.
638 800. **Corbon** (A.). — De l'Enseignement professionnel.
798. **Guissart**. — De l'Enseignement et de l'Éducation dans les petites classes.
799. — De l'Enseignement de la Géographie dans les classes primaires.
1029. **Dessoye** (A.). — Jean Macé et la Ligue d'enseignement.
1001. **Gréville** (Mᵐᵉ H). — Instruction morale et civique des jeunes filles.
142. **Lefèvre** (E.). — Pauvre Jacques.
791. **Legouvé**. — L'Art de la Lecture.
217. **Levasseur** (E.). — L'École, l'Étude et l'Enseignement de la Géographie.
317. **Mariotti** (L.). — Conférences de Pédagogie.
424. **Michelet**. — Nos Fils.
287, 288, 1283, 1284. **Rousseau** (J.-J.). — Émile ou de l'Éducation.
165. **Simon** (J.). — L'École.
709. — L'Instruction gratuite et obligatoire.
696. **Spencer** (H.). — De l'Éducation.
1138. L'École mutuelle (Philosophie et Morale).

LITTÉRATURE

871. **Albert** (A.). — La Littérature française au XVIIIe siècle.

541. **Collignon** (A.). — Diderot, sa vie et ses amis.

1405 à 1407. **Hugo** (V.). — Le Rhin.

1412. **Jolliet** (C.). — Curiosité des Lettres.

531. **Lamartine**. — Balzac et ses œuvres.

1798 **Musset** (A. de). — Mélanges de Littérature et de Critique.

656, 656 *bis*. **Noël** (E.). — Voltaire et Rousseau.

495. **Parnajon** (de). — Histoire de la Littérature française depuis ses origines jusqu'au XVIIe siècle.

872. **Pierron**. — Voltaire et ses maîtres.

544. **Vacquerie** (A.). — Profils et Grimaces.

POÉSIES

19. **Bérenger.** — Chansons anciennes et posthumes.
921. **Boileau.** — Œuvres complètes.
309.   —   Œuvres poétiques.
347.   —   Satires. — Le Lutrin.
345. **Byron.** — Le Corsaire. — Lara. — Le Siège de Corinthe.
354. **Dante.** — L'Enfer.
559. **Daudet** (A.). — Les Amoureuses.
701. **Deroulède** (P.). — Chants du Soldat.
702.   —   Nouveaux Chants du Soldat.
1666 **Dupont** (P.). — Chants et Poésies.
388. **Ernst** (A.). — Rimes françaises d'une Alsacienne.
532. **Essarts** (E. des). — Poèmes de la Révolution 1789 à 1796.
934. **Gill.** — La Muse à Bibi.
1246. **Gœthe.** — Hermann et Dorothée.
306. **Homère.** — L'Illiade.
441. **Hugo** (V.). — L'Année terrible.
440.   —   L'Art d'être Grand Père.
774.   —   Les Enfants. — Le Livre des Mères.
319.   —   Le Livre des Mères et des Enfants.
41, 42. —   Religions et Religion.
930.   —   Les Voix intérieures. — Les Rayons et les Ombres.
355. **La Fontaine.** — Contes et Nouvelles.
231, 1633, 1291. —   Fables.
127. **Lamartine.** — La Chute d'un Ange.
126.   —   Jocelyn.
125.   —   Nouvelles Méditations poétiques. — Le Dernier Chant
                du Pèlerinage de Harold. — Chant du Sacre.
124.   —   Premières Méditations poétiques. — La Mort de Socrate.
131. **Laprade** (V. de). — Le Livre d'un Père.
536.   —   Pernette.
130. **Lefèvre** (A). — La Lyre intime.
713. **Molière.** — Œuvres choisies.
935. **Mongin** (Ch.) et **Bourgaut.** — Coups de Sonnettes.
907.   —   —   Échos du Cœur.
1792, 1793. **Musset** (A. de). — Comédie et Proverbes.
1794, 1795. —   Premières Poésies.
1163. **Parny** (E.) — La Guerre des Dieux.
485. **Poupard de Wilde** (A). — Le Second Faust de Gœthe.
714. **Racine.** — Œuvres.
307.   —   Œuvres choisies.
950.   —   Œuvres complètes.

132. **Ratisbonne** (L.). — La Comédie enfantine.
1223. **Richepin** (J.). — Les Blasphèmes.
711. **Rousseau** (J.-B.). — Œuvres choisies.
345. **Schakespeare**. — Hamlet.
870. **Villon** (F.) — Œuvres complètes.
710. **Voltaire**. — La Henriade.
1270, 1271. **Voltaire.** — La Henriade. — Essai sur la Poésie. — Pièces diverses.

THÉÂTRE

852 à 855. **Corneille** (P.). — Chefs-d'Œuvre avec Remarques de Voltaire.
805.   —   Théâtre, 3e partie, édition de 1706.
856. **Corneille** (Th). — Chefs-d'Œuvre avec Remarques de Voltaire.
858, 859. **Crébillon**. — Œuvres.
1308. **Dumas** (A.). — Le Chevalier d'Harmantal.
1685. **Feydau** (E). — Un Coup de Bourse.
230. **Florian**. — Fables suivies de son Théâtre.
1036. **Hugo** (V.). — Cromwel.
1039.   —   La Esmeralda. — Ruy-Blas. — Les Burgraves.
1037.   —   Hernani. — Marion Delorme. — Le Roi s'amuse.
1038.   —   Lucrèce Borgia. — Marie Tudor. — Angello.
1310. **Laloue**. — Les Mirlitons.
97. **Macé** (J.). — Théâtre du Petit-Château.
344. **Manuel**. — Les Ouvriers.
1149. **Molière**. — L'Avare.
1148.   —   L'Ecole des Femmes.
1150.   —   Le Tartufe.
307, 714, 950. **Racine**. — Œuvres.
1286. **Rousseau** (J.-J.). — Théâtre — Lettres sur d'Alembert.
1135. **Schakespeare**. — Othello.
286. **Schiller**. — Guillaume Tell. — Les Brigands.
1309. **Sue** (E.). — Les Pontons.

ROMANS ET CONTES

980 à 982. **Abbé X'''** (l'). — Le Maudit.
1634. **About** (E.). — Le Cas de M. Guérin.
1632.   —   Le Fellah.
1102, 1314 —   Germaine.
1312.   —   L'homme à l'Oreille cassée
1311.   —   L'Infâme.
1635.   —   Lettres d'un bon Jeune homme.
1636.   —   Dernières Lettres d'un bon Jeune homme.
1313.   —   Madelon.
1633.   —   Maitre Pierre.
1202, 1637. —   Le Mari imprévu.
1698.   —   Le marquis Lanrose.
1099.   —   Les mariages de Paris.
1100.   —   Les mariages en Province.
1317.   —   Les Misères d'un Millionnaire.
501, 1316. —   Le Nez d'un Notaire.
298, 552. —   Le Roman d'un Brave homme.
435   —   Tolla.
1101.   —   Trente et Quarante.
1315.   —   Le Turco.
1639.   —   Les Vacances de la Comtesse.
1641. **Achard** (A.). — L'Eau qui dort.
1318.   —   Belle-Rose.
1319.   —   Les Campagnes d'un Roué.
421.   —   Les Filles de Jephté.
1320.   —   Le Roman d'un Mari.
1640.   —   Mademoiselle de Villexel.
977, 1205. **Alleluia.** — Le Capucin enflammé.
1400. **Alévy** (L.). — La Famille Cardinal.
592. **Arène** (P.). — La Gueuse parfumée.
1349 et 1349 *bis*. **Arioste** (l'). — Roland furieux.
562. **Assoland** (A.). — Marcomir, Histoire d'un Etudiant.
563, 891.   —   Récits de la vieille France, François Buchamor.
498. **Aubin** (E.). — Le Mousse.
15. **Augu** (H.). — La Fille de la Liberté.
92. **Badin** (A.). — Marie Chassaing. Episode de la vie des Alsaciens-Lorrains en Algérie.
1643. **Balzac.** — Béatrix.
1325.   —   Le Contrat de mariage.
1096.   —   Le Député d'Arcis.
1645.   —   Les Femmes de 30 ans.

1644. **Balzac.** — Honorine.
1326. — La Maison du chat qui pelotte.
1327. — Mémoires de deux Jeunes mariés.
1324. — Modeste Mignon.
1642. — La Paix du ménage.
1098. — La Peau de chagrin.
1097. — Ursule Mirouet.
1188, 1267. **Bayeux** (M.). — Profils et Contes Normands.
1354. **Bédollière** (E. de la). — Histoire de la mère Michel et de son chat.
 993. **Belot** (A.). — La bouche de Madame X...
 159. **Bentzon** (Th.). — Un Divorce.
 397. — Récits de tous les pays.
1647. **Berthet** (E.). — L'Enfant des bois.
1787. — L'Homme des bois. •
1648. **Bertrand** (L.). — Au fond de mon carnier.
 949. **Besancenet** (de). — La Comtesse de Gournon.
 197. **Biart** (L.). — Aventures d'un Jeune naturaliste.
 198. — Les clients du Dr Bernagius.
 199. — Entre Frères et Sœurs.
 170. **Blanchère** (H. de la). — Aventures de la Ramée et de ses trois Compagnons.
 154. **Blandy** (S.). — Le Petit Roi.
 209. **Boissonnas** (Mme). — Une Famille pendant la guerre.
1329. **Bonhomme** (H.). — Grandes dames et pécheresses.
 137. **Bouvier** (A.). — Malheur aux Pauvres.
 108. **Bréhat** (A. de). — Aventures d'un Petit Parisien.
 157. **Candèze** (E.). — Aventures d'un Grillon.
 538. **Cazotte.** — Le Diable amoureux.
 564, 565. **Cervantès** (M.). — Don Quichotte.
 321. **Champfleury.** — Les Bourgeois de Molinchard.
1650. — La Succession Lecamus.
 207. **Charton** (E.). — Histoire de Trois enfants pauvres
 210. **Chazel** (P.). — Le Chalet des Sapins.
 160. **Cherville** (L. m^{is} de). — Histoire d'un trop bon Chien.
1652. **Chevailler** (E.). — Le Chasseur noir.
1651. — La Fille du Pirate.
1337. — Les Nez percés.
1338. — Les Pieds noirs.
1339. **Cladel** (L.). — Le Deuxième mystère de l'Incarnation.
1167. — Le Curé assassin.
1166. — N'a qu'un œil.
1340. **Claretie** (F.). — Le Drapeau.
1341. — Le Roman des Soldats.
1654. **Conscience** (H.).— Argent et Noblesse.
1653. — L'Avare.
1344. — Le Cantonnier.

621 **Conscience** (H). — Le Chemin de la Fortune.
1345. — Le Conscrit.
1655. — Le Démon de l'Argent.
1343. — Une Erreur judiciaire.
622. — Histoire de deux Enfants d'Ouvriers.
1208. — Le Supplice d'un Père.
1084. **Cooper** (G.-F.). — Le Corsaire rouge.
1113. **Coppée** (F.). — Une Idylle pendant le Siège.
1657. **Courbet** (G.). — Les Misères des Gueux.
1813. — Les Curés en goguette.
1662 **Dash** (comtesse). — Le Beau Voleur.
1671. — La Ceinture de Vénus.
1352. — Comment tombent les Femmes
140. — La Dame du Château-Muré.
1663. — Le Neuf de Pique.
1660. — La Nuit de Noces.
1353. — Le Roman d'une Héritière.
1658, 1659. — La Sorcière du Roi.
1350, 1351. — Les Soupers de la Régence.
558. **Daudet** (A). — Contes du Lundi.
1057, 1058. — Jack.
116. — Histoire de mon Moulin ; Impressions et Souvenirs.
560. — Le Nabab.
115. — Le Petit Chose. — Histoire d'un Enfant.
561. — Les Rois en Exil
960. **Deriège**. — La Marchande à la Toilette.
1357. **Desnoyers** (L.). — Aventures de Robert-Robert.
151. — — Les Mésaventures de Jean-Paul Choppart.
1358. **Desperrières** (C.). — Mémoires d'un Sceptique.
1359. **Devilliers** (E.). — Les Souliers de mon Voisin.
336, 337. **Dickens**. — Le Crime de Jasper.
205, 206. — Vie et Aventures de Nicolas Nikleby.
1268. **Diderot**. — La Religieuse.
802. — Romans et Contes.
153. **Dolfus** (Ch.). — La Confession de Madeleine.
1664. **Dumas** (A) — Actée.
1368, 1369 — Ange Pitou.
1160. — Une Aventure d'amour.
609, 1371. — Aventures de quatre Femmes et d'un Perroquet.
1665. — Le Capitaine Pamphile.
1085, 1086. — Le Chevalier de Maison-Rouge.
1790. — Les Compagnons de Jéhu.
1775. — La Dame aux Camélias.
1370. — Les Femmes qui tuent et les Femmes qui votent.
438, 439. — La Guerre des Femmes.
1372. — L'Homme-Femme.

1362 à 1367 **Dumas** (A.). — Monte-Christo.
1776.   —   Mémoires de Fanchette.
 605, 606.   —   Les Trois Mousquetaires.
1087 à 1090   —   La San Felice.
1373   —   La Vie à vingt ans.
1821.   —   Actée. — Othon l'Archer. — Le Bâtard de Mauléon. — Les deux Dianes.
1822.   —   Georges. — Fernande. — Amaury. — Les Frères Corses. — Le Véloce. — Souvenirs d'Antony. — Le Cocher de Cabriolet. — Blanche de Beaulieu. — Un Bal masqué. — Jacques Ier et Jacques II. — Bernard don Martin de Freytas — Pascal Bruno — Cécile. — Isabel de Bavière.
1023.   —   La Reine Margot. — La Dame de Monsoreau. — Les Quarante-Cinq.
1824.   —   Ange Pitou. — Sylvaudire. — Le Capitaine Paul. — Le Maître d'armes. — Les Nouvelles. — La Pêche aux Filets. — Invraisemblance. — Une Ame à Naître. — La Main droite du sir de Giac (1425-1426). — Pauline. — Gabriel Lambert. — Aventures de Lydéric.
1825.   —   *Impressions de Voyage*: Le Coricolo ; 15 Jours au Sinaï ; Excursions sur les Bords du Rhin ; De Paris à Cadix.
1826.   —   *Impressions de Voyage*: La Villa Palmieri ; Le Capitaine Aréna ; La Suisse ; Le Midi de la France ; Une Année à Florence.
1785. **Durantin.** — Un Jésuite de robe courte.
1786.   —   Un Mariage de Prêtre.
 155. **Duvernet** (Ch.). — La Canne de Mme Desrieux.
1667, 1668. **Enault** (L.). — L'Amour et la Guerre.
1669, 1670.   —   Le Baptême du Sang.
1379.   —   Le Chien du Capitaine.
1675.   —   La Destinée.
1676.   —   Un Drame intime.
 966.   —   Histoire d'une Conscience.
1374, 1775.   —   Histoire d'une Femme.
1677.   —   Nadège.
1671, 1672.   —   Les Perles Noires.
1673, 1674.   —   La Pupille de la Légion d'Honneur.
1377   —   Le Roman d'une Veuve.
1376, 1376(*bis*)   —   Le Secret de la Confession.
1678.   —   La Veuve.
1378.   —   La Vie à deux.
 894. **Erckmann Chatrian.** — L'Ami Fritz.
1679.   —   Le Banni.

341. **Erckmann-Chatrian**. — Confidences d'un Joueur de Clarinette.
1680. — Le Brigadier Frédéric.
21. — Une Campagne en Kabylie. — Maître Gaspard Fix. Souvenir d'un Chef de Chantier. — Contes vosgiens.
22. — Confidences d'un Joueur de Clarinette. — La Maison Forestière. — L'Ami Fritz — Le Juif Polonais.
254. — Le Conscrit de 1813. — Madame Thérèse. — L'Invasion. — Waterloo.
594. — Le Grand-Père Lebigre.
422. — Histoire d'un Conscrit de 1813.
20. — Histoire d'un Paysan.
324. — Histoire du Plébiscite.
253. — Histoire du Plébiscite. — Histoire d'un Sous Maître. Les deux Frères.
250. — L'Homme du Peuple. — La Guerre. — Le Blocus.
340. — L'Invasion.
255. — Maître Daniel Rock. — L'Illustre Docteur Mathéus. Hugues-le-Loup. — Contes des Bords du Rhin.
434. — Souvenirs d'un ancien Chef de Chantier à l'Isthme de Suez.
1380. — Les Vieux de la Vieille.
996. **Fellens**. — Les Droits du Seigneur.
1681. **Ferry** (G.). — Costal l'Indien.
1682, 1683. — Le Coureur des Bois.
1383. **Feuillet** (O.). — Les Amours de Philippe.
1385. — Histoire d'une Parisienne.
534. — Le Journal d'une Femme.
177. — Un Mariage dans le Monde.
1384. — La Morte.
1051. — Le Roman d'un jeune Homme pauvre.
1382 — Vie de Polichinelle.
1390, 1391. **Féval** (P.). — Cœur d'acier.
1386 à 1389. — Le Fils du Diable.
1687. — Le Poisson d'Or.
1392. — Le Vicomte Paul.
1684. **Feydau** (E.). — Les Amours tragiques.
1156. — La Comtesse de Chalis.
1394. — Le Mari de la Danseuse.
1393. — Le Roman d'un Jeune Marié.
1686. — Sylvie.
1182. **Flaubert** (G.). — Salambo.
230. **Florian**. — Fables suivies de son Théâtre.
1155. **Gaboriau** (E.). — Les Esclaves de Paris.
394. **Gael** (Mme A.). — Le Foyer, scènes de la Vie de Famille aux États Unis.
1293 **Gagneur** (M.-L). — L'Abbé Maufrac.
1073. — Un Chevalier de Sacristie.

978, 1074 1292. **Gagneur** (M.-L.). — Le Roman d'un Prêtre.
979, 1075.   —   Le Crime de l'Abbé Maufrac.
971, 1072.   —   La Croisade Noire.
1227.   —   Le Divorce.
1159.   —   La Vengeance du beau Vicaire.
500. **Garcin** (Mme E) — Le Calvaire d'une pauvre Enfant.
549, 550 **Gauthier** (Th) — Le Capitaine Fracasse.
547.   —   Nouvelles.
548.   —   Romans et Contes.
262, 263. **Genlis** (Mme de) — La Duchesse de la Vallière
1104. **Giffard** (P.). — Les grands Bazars.
31. **Girardin** (J.) — Les Braves Gens.
294. **Gœthe** — Faust. — Werther.
370. **Goldsmith.** — Le Vicaire de Wakefield.
1688. **Gozlan** (L.). — La dernière Sœur grise.
256   —   Les Emotions de Polydore Marasquin.
437.   —   Un Fou couronné.
1689.   —   Le Notaire de Chantilly.
196. **Grammont** (comte de). — Les Gentilhommes riches
912. **Gréville** (H) — Suzanne Normis. — Le Roman d'un Père.
1690. **Gyps.** — Autour du Divorce.
593. **Hervilly** (d'). — Histoires divertissantes.
1694. **Houssaye** (A.). — Blanche et Marguerite.
1692.   —   Les Femmes du Diable.
1403.   —   Les Filles d'Ève.
1691.   —   La Pécheresse.
1693.   —   La Vertu de Rosine.
1402.   —   Le Violon de Franjolé.
1404. **Hugo** (C). — Le Cochon de saint Antoine.
1049, 1050. **Hugo** (V.). — L'Homme qui rit.
1040 à 1044.   —   Les Misérables.
1047, 1048.   —   Notre-Dame de Paris.
1035.   —   Quatre-Vingt Treize.
1045, 1046.   —   Les Travailleurs de la Mer.
331. **Humphry Davy** — Les Derniers Jours d'un Philosophe.
172. **Immermann** (Ch) — La Blonde Lisbeth.
1695, 1696. **Jeannet** (P.). — Le Roman Bourgeois.
1409. **Jeannin** (J.). — L'Interné.
141. **Jonchère** (E.). — Clovis Bourbon, excursion dans le vingtième siècle.
1415. **Karr** (A). — Le Chemin le plus court.
1414.   —   Clovis Gosselin.
1700   —   Les Dents du Dragon.
1811.   —   Dieu et Diable.
1701.   —   Geneviève.
1417   —   Une Heure trop tard.
1413   —   Midi à Quatorze Heures.

1416. **Karr** (A) — Sur la Plage.
1418. — Le Règne des Champignons.
1419. — La Soupe aux Cailloux.
1699. — Sous les Tilleuls.
 499. **Kergomard** (P.) — Nouvelles enfantines.
 147. **Kock** (P. de). — Les Enfants du Boulevard.
 225. **Laboulaye**. — Contes bleus.
 227. — Paris en Amérique.
1703. **Lacretelle** (H. de) — La Poste aux Chevaux
 355, 1033, 1291. **La Fontaine**. — Fables.
1032. **Lamartine**. — Geneviève.
 128. — Graziella.
 353. **Langus**. — Daphnis et Chloé.
1420. **Lanoye** (F. de). — L'Homme Sauvage.
1421. **Latouche** (H de). — Le Petit Pierre.
1702. — La Vallée aux Loups
1302. **Léo** (A.). — Les Deux Filles.
 149. **Lockroy** (Mme S.). — Contes à mes nièces.
1427. — (E). — Journal d'une Bourgeoise
1788, 1789. **Louvroy de Couvroy**. — Aventures galantes du Chevalier
de Faublas.
 963. **Luchet**. — Frères et Sœurs.
  95. **Macé** (J) — Contes du Petit-Château.
1435. **Mahon** (F.). — Les Aventures d'un jeune Gaulois.
 962. **Malot** (H). — L'Héritage d'Arthur.
 222. — Romain Kalbris.
 502, 503. — Sans Famille.
 864 865. **Marmontel**. — Contes moraux.
 623. **Mayne-Reid**. — Les Chasseurs de Chevelures.
1000. — Les Exilés dans la Forêt.
1440. — Le Petit Loup de Mer.
1439. — Les Robinsons de Terre ferme.
1801. **Mazas** (A). — Le Dernier des Rabasteins.
1442. **Mérimée** (P.). — Carmen.
1441. — La Double Méprise.
1444. **Mery** (J). — Un Amour dans l'Avenir.
1705. — Un Crime inconnu.
1704 — Le dernier Fantôme.
1443 — Le Transporté.
 576 **Meurice**. (P.). — Cesaria.
 575. — Les Tyrans du Village.
1445. **Michiels** (A). — La Case de l'Oncle Tom.
 964. — Contes d'une Nuit d'hiver.
1710 **Monselet** (C.) — Les Amis de la Gaieté.
1448, 1709. — L'Argent Maudit.
1708. — Les Femmes qui font des scènes.

1449 **Monselet** (C.). — La Franc Maçonnerie des Femmes
1707.   —   Les Mystères du Boulevard des Invalides.
1303. **Mouriée** (M.). — Les Veillées.
1103. **Muller** (E.). — La Boutique du Marchand de Nouveautés.
 604.   —   Contes rustiques.
 133.   —   La Mionette.
1180. **Mullot** (Ch.). — Les Chevaliers de la moderne Table ronde.
1451. **Murger** (H). — Les Buveurs d'eau.
1452.   —   Le Dernier Rendez-Vous.
1453.   —   Le Pays latin.
1450.   —   Le Sabot rouge.
 247.   —   Scènes de la Vie de Bohême.
 248.   —   Les Vacances de Camille.
1796. **Musset** (A. de). — Contes.
 148. **Nelly** (Hager). — La Fiancée du Rhin.
 608. **Nerval** (G. de). — La Bohême galante.
 607.   —   Les Filles de Feu.
1711.   —   Le Marquis de Fayolle.
 122, 123. **Nodier** (Ch.). — Contes.
 152. **Noël** (E.) — Mémoires d'un Imbécile.
1455. **Noriac** (J.). — La Bêtise humaine.
1456.   —   Le Capitaine Sauvage.
1712.   —   Le Cent unième Régiment.
1713.   —   La Dame à la Plume noire.
1076. **Ohnet** (G.). — Le Maître de Forges.
1105.   —   Serge Panine.
1063. **Pailleron** (E.). — Le Monde où l'on s'ennuie.
 229. **Pape-Carpentier** (Mme). — Histoires et Leçons de choses pour les
     Enfants.
 984. **Pauper** (J.). — Les Débauches d'un Confesseur.
 203. **Pelletan** (E.). — Elysée (voyage d'un homme à la recherche de lui-même).
 200.   —   Jarousseau, le Pasteur du Désert.
 202.   —   Un Roi philosophe, le grand Frédéric.
 325. **Perrault**. — Mme d'Aulnoy et le prince de Beaumont. — Contes de fées.
1082. **Percey** et **Maugras**. — La Jeunesse de Mme d'Epiney.
1083.   —   —   Les Dernières Années de Mme d'Epiney.
 176. **Pichat** (L.). — Gaston.
 175.   —   Le Secret de Polichinelle.
 618. **Poe** (E). — Aventures d'Arthur Gordon-Pym.
 619.   —   Eureka.
 616.   —   Histoires extraordinaires.
 620.   —   Histoires grotesques et sérieuses.
 617.   —   Nouvelles Histoires extraordinaires.
1714. **Ponson du Terrail**. — Les Aventures du capitaine Lapalisse
1715, 1716.   —   —   Le Serment des Hommes rouges.
 221. **Pouschkine**. — La Fille du Capitaine.

353, 538, 1244. **Prévost** (l'abbé). — Manon Lescaut.

1459. **Quatrelles**. — Casse-Cou.

1460.   — Les Mille et une Nuits matrimoniales.

295, 296, 364, 365. **Rabelais**. — Œuvres.

401. **Ranc** (A.). — Le Roman d'une Conspiration.

1136. **Regnard**. — Le Joueur. — Les Folies amoureuses.

1052. **Rel** (M. O.). — John Bull et son Ile.

1461. **Renan** (E.). — Le Prêtre de Nemi.

173 **Renaut** (E.). — Histoire de quatre Fous et d'un Sage.

910. **Révoil** (B.). — Les Harems du Nouveau-Monde.

1717. **Reybaud** (L.). — La Vie de Corsaire.

1773. **Richebourg** (E.) — Jean Loup.

857. **Ris** (C. de). — Le Bouquet de Violette.

1464. **Robert** (C.) — L'Amoureux de la Reine.

1463.   —   La belle Valentine.

1719.   —   La Famille Calas.

1720.   —   Les Francs Juges.

1718.   —   La Pluie d'Or.

1462.   —   Le Tribunal Secret.

876. **Robert** (L.). — Un Drame au Centre de l'Afrique.

624. **Rochefort** (H.). — L'Evadé.

1465. **Rolland** (A.). — La Foire au Mariage.

932. **Ruy** (H.) — Les Chevaliers du Crucifix.

1426. **Sage** (Le). — Le Diable boiteux.

1128 à 1132. — Gil Blas.

1056. **Saintine** (X.-B.). — Le Chemin des Ecoliers.

1727. **Sand** (G.). — Adriani.

1470.   —   Les Amours de l'Age d'or.

1725.   —   André.

1726.   —   Le beau Laurence.

1722, 1723 —   Les beaux Messieurs du Bois Doré.

1729.   —   La Coupe.

1467.   —   Les Dames vertes.

1468.   —   Le Diable aux Champs.

1471.   —   La Filleule.

1728.   —   Francia.

1473.   —   Gribouille.

1724.   —   Jean de la Roche.

134, 135 —   Lélia.

1093 à 1095 —   L'Homme de Neige.

1472.   —   Malgré tout.

375.   —   La Mare au Diable.

371.   —   Mauprat. — François le Champi.

374.   —   Le Péché de M. Antoine.

1092.   —   La Petite Fadette.

1091, 1800. —   Le Marquis de Villemer.

1469. **Sand** (J.). — La Ville noire.
1730. **Sandeau** (J.). — Catherine.
890, 1179.   —   Le Châ'eau de Montsabré.
1731.   —   Un Héritage.
555.   —   Jean de Thomeray. — Le colonel Evrard.
554.   —   Mlle de Kérouare.
556.   —   Madeleine.
98.   —   La Roche aux Mouettes.
553.   —   Sacs et Parchemins.
557.   —   Mlle de la Seiglière.
1732. **Sarcey** (Fr.). — Etienne Moret.
1732. **Second** (A.). — A quoi tient l'Amour.
436. **Secondiné** (A.). — L'Assommé.
1207. **Ségalas** (Mme Anaïs). — Les Romans du wagon.
1140. **Schakespeare**. — Le Marchand de Venise.
1077. **Silvestre** (A). — Les Farces de mon ami Jacques.
1198. **Sirven** (A.) et **Leverdier** (H.). — Un Drame au Couvent.
974. **Souffrance** (J.). — Le Couvent de Gomorrh.
1494, 1495. **Soulié** (F.). — Les Aventures de Saturnin Fichet.
1498.   —   Les deux Cadavres.
1734, 1735.   —   Le Château des Pyrénées.
1736.   —   Les Forgerons.
1499.   —   Le Lion amoureux.
1737.   —   Les quatre Sœurs.
1496, 1497.   —   Si Jeunesse savait, si Vieillesse pouvait.
1739, 1740. **Souvestre** (E.). — Le Foyer breton.
1109.   —   Confession d'un Ouvrier.
1738.   —   Les derniers Paysans.
1110.   —   Guignol et la Révolution.
1262.   —   L'Homme et l'Argent.
1476.   —   La Lune de Miel.
1475.   —   Les Péchés de Jeunesse.
420.   —   Un Philosophe sous les Toits.
1477.   —   La Valise noire.
99. **St....** — Mon premier Voyage en Mer.
591. **Sthal**. — Maroussca.
107. **Sthal** (P.-J.). — Les bonnes Fortunes parisiennes. — Les Amours d'un Notaire.
106.   —   Les bonnes Fortunes parisiennes. — Les Amours d'un Pierrot.
100.   —   Histoire d'un Ane et de deux jeunes Filles.
103.   —   Histoire de la famille Chester et de deux petits Orphelins.
102.   —   Les Histoires de mon Parrain.
234.   —   Morale familière. — Contes et Récits.
104.   —   Les Patins d'argent. — Histoire d'une Famille hollandaise et d'une bande d'écoliers.

1478. **Sthal** (P.-J.). — Les quatre Peurs de notre Général.
105.   —   Voyage d'un Etudiant et ses suites variées. — Histoire
                           d'un Homme enrhumé.
535. **Straforello**. — Le Chercheur de Trésor.
1759, 1760. **Sue** (E.). — Arthur.
1747.   —   Adèle Verneuil.
145.   —   L'Alouette du Casque ou Victoria la Mère des Camps.
144.   —   La Clochette d'airain. Le Collier de fer.
1745.   —   Clémence Hervé.
1489.   —   Le Commandeur de Malte.
1742.   —   Le Coucaratcha.
1491.   —   Deux Histoires.
1748.   —   Th. Dunoyer.
1490.   —   Les Enfants de l'Amour.
1483 à 1487. —   La Famille Jouffroy.
143.   —   La Faucille d'Or. La Crosse d'Argent.
1750 à 1752, 1755, 1756. **Sue** (E.). — Les Fils de Famille.
1486 à 1488.   —   Gilbert et Gilberte.
1492.   —   La Grande Dame.
1068 à 1071, 1215 à 1218. — Le Juif-Errant.
1744.   —   Latréaumont.
1479 à 1482.   —   Mathilde.
1753, 1754.   —   Les Mémoires d'un Mari.
880 à 883.   —   Les Misères des Enfants trouvés.
1743.   —   Miss Mary.
1064 à 1067.   —   Les Mystères de Paris.
1250 à 1261.   —   Les Mystères du Peuple.
1746.   —   Paula Monti.
1749.   —   Plick et Plock.
146.   —   Mlle de Plouërnel.
1741.   —   La Salamandre.
610 à 615.   —   Les Sept Péchés Capitaux.
1757, 1758.   —   La Vigie de Koat-Ven.
1493. **Swift**. — Voyage de Gulliver.
17, 18, 1778, 1779. **Tabourieu**. — Le Secret du Vatican.
972, 973. **Taxil** (L). — Le Fils du Jésuite.
1184.   —   La Chasse aux Corbeaux.
975.   —   Un Pape femelle.
1161.   —   Par la Grâce du St-Esprit.
983.   —   Les Soutanes Grotesques.
540, 903, 940. **Terson** (J.). — Les Derniers Numides.
1061, 1266. **Theuriet** (A.). — Les Mauvais Ménages.
1501.   —   Les Enchantements de la Forêt.
572.   —   Le Filleul d'un Marquis.
573.   —   Le Fils Maugras.
570.   —   La Fortune d'Angèle.

568. **Theuriet** (A.). — Mlle Guignon.
1060.   —   La Maison des deux Barbeaux.
569.   —   Le Mariage de Gérard.
571.   —   Raymonde.
567.   —   Sous Bois.
574.   —   Toute seule.
1062.   —   Sauvageonne.
1503. **Tissot** (V.). — Aventures de trois fugitifs.
754. **Toppfer**. — Nouvelles Genevoises.
1055.   —   Le Presbytère.
1106. **Toppin** (F.). — Vingt Contes nouveaux.
121. **Tourgueneff** (I.). — Etranges Histoires.
117.   —   Une Nichée de Gentilshommes. — Mœurs de la
                Vie de Province en Russie.
119.   —   Nouvelles Moscovites.
118.   —   Les Religions vivantes.
120.   —   Terres Vierges.
1504. **Ulbach** (L.). — L'Amour moderne.
1506.   —   Le Baron américain.
1771.   —   La Chauve-Souris.
1508.   —   La Confession d'un Abbé.
1772.   —   Le Jardin du Chanoine.
1505.   —   Quinze ans de bagne.
1507.   —   Les Secrets du Diable.
700. **Vallès** (J.). — Jacques Vingtras. — Le Bachelier.
770.   —   Jean-la-Rue. — Jacques Vingtras.
1168. **Vérax** (J.). — Le Prêtre découpeur de Femmes.
1510. **Le Verdier** (H). — Le Roman d'Aimé.
1514. **Verne** (J). — L'Archipel en feu.
585.   —   Autour de la Lune.
587.   —   Aventures du capitaine Atteras. — Les Anglais au pôle
                Nord.
588.   —   Aventures du capitaine Atteras. — Le Désert de glace.
884.   —   Aventures de trois Russes et de trois Anglais dans
                l'Afrique Australe.
109, 110, 464, 465. **Verne** (J) — Un Capitaine de quinze ans.
581.   —   Le Chancellor.
463.   —   Les cinq cents millions de la Bégum.
586.   —   Cinq semaines en ballon.
577, 578, 579.   —   L'Ile Mystérieuse. — Les Naufragés de l'air. —
                L'Abandonné. — Le Secret de l'Ile.
801.   —   Le docteur Ox.
1766.   —   L'Ecole des Robinsons.
244 à 246.   —   Les Enfants du capitaine Grant.
1511, 1765.   —   L'Etoile du Sud.

582, 583. **Verne** (J.). — Hector Servadoc.
1112.   —   Un Hivernage dans les glaces.
114, 466.   —   Les Indes Noires.
1768, 1759.   —   La Jangada.
1512.   —   Kéraban le Têtu.
460, 461, 1264, 1265. **Verne** (J.). — La Maison à Vapeur.
1762 à 1764. **Verne** (J.). — Mathias Sandorf.
242, 243.   —   Michel Strogoff.
589, 590.   —   Le Pays des Fourrures.
1515.   —   Le Rayon vert.
1767.   —   Robur le Conquérant.
584.   —   De la Terre à la Lune.
111.   —   Le Tour du Monde en 80 jours.
462.   —   Les Tribulations d'un Chinois en Chine.
112.   —   Une Ville flottante. — Les Forceurs de Blocus.
1025.   —   Une Ville flottante.
26, 342.   —   Vingt mille lieues sous les Mers.
113, 343, 580.   —   Voyage au Centre de la Terre.
1761. **Véron** (P.). — L'Age de Fer-Blanc.
1517.   —   Avez-vous besoin d'Argent.
1518.   —   La Boutique à Treize.
1519.   —   Les Monstres de Femmes.
976. **Vindex** (J.). — La Belle Dévote.
919. **Veys** (J.-B.). — Le Robinson Suisse.
136. **Wey** (F.). — Trop Heureux.
1521. **Zaccone** (P.). — La Vivandière des Zouaves.
1221. **Zola** (E.). — Au Bonheur des Dames.
967.   —   Son Excellence Eug. Rougon.
1774.   —   La Joie de Vivre.
1220.   —   Nana.
1219.   —   Une Page d'Amour.
1222.   —   Pot Bouille.
1115. 1116. — Journal pour tous.
16. **X**. — Mémoires d'un Agent de Police.
138. 139. — Les Quatre fils Aymon. — Jean Calais. — Geneviève de Brabant.
1181.   Le Vétéran. — Journal du temps passé.

SOUVENIRS & RÉCITS

566. **Chasles** (P.). — Scènes des Camps et des Bivouacs bongrois (1848-1849).
546. **Gauthier** (T.). — Tableau du Siège de Paris (1870-1871).
551. **Monselet** (Ch.). — Gastronomie. — Récits de Table.
545. **Vacquerie** (A.). — Les Miettes de l'Histoire.

AUTOBIOGRAPHIES

759. **Quinet** (E.) — Histoire de mes Idées.
844, 845, 846, 1281. **Rousseau** (J.-J.). — Les Confessions.
1288 à 1290.   —   Correspondance.
860 à 863, 1123 à 1127, 1233 à 1237, 1282. **Rousseau** (J.-J.). — La Nouvelle Héloïse.

BEAUX-ARTS

71. **Barry de Merval** (Comte du). — Études sur l'Architecture égyptienne.
1210. **Duplessis** (G.). — Les Merveilles de la Gravure.
944. **Lefèvre** (E.). — Musique et Poésie.
639. **Pichat** (L.). — L'Art et les Artistes en France.
1287. **Rousseau** (J.-J.). — Prologues. — Écrits sur la Musique.
1211. **Viardot** (L.). — Les Merveilles de la Sculpture.

GÉOGRAPHIE & VOYAGES

1248, 1249, 1526, 1527, 1528, 1528 *bis*, 1529, 1530, 1531. **Armand.** — Mes Aventures en Amérique.

1183. **Baldewin** (W.-C.). — Du Natal au Zambèze.

264 à 271 *bis*. **Bérenger**. — Collection abrégée des Voyages autour du Monde.

804. **Blanchard.** — Petit Voyage autour du Monde.

249. **Carteron** (C). — Voyage en Algérie.

775. **Castan.** — Besançon et ses Environs.

1263. **Compiègne** (Marquis de). — L'Afrique équatoriale.

87.   —   L'Afrique équatoriale. — Gabonais. — Pahouins. — Gallois.

393. **Durier** (Ch.) — Le Mont-Blanc.

223, 224. **Ferry** (G.). — Les Aventures du capitaine Ruperto Castanos au Mexique.

685. **Geikie** (A). — La Géographie physique.

889. **Goupil-Fesquet.** — Voyage d'Horace Ninet en Orient.

395. **Havard** (H.). — La Hollande pittoresque. — Le Cœur du Pays.

86.   —   La Hollande pittoresque. — Les Frontières menacées.

85.   —   La Hollande pittoresque. — Voyage aux Villes mortes du Zuiderzée.

878. **Jacoillot** (L.). — Voyage aux Pays mystérieux.

877.   —   Voyage aux Rives du Niger.

327. **Lanoye** (F. de.). — Les grandes Scènes de la Nature.

84.   —   La Mer polaire. — Voyage à la recherche de sir John Franklin.

1197. **Lavallée** (Th.). — Les Frontières de la France.

1509. **Levaillant** (F.). — Voyage dans l'Intérieur de l'Afrique.

80. **Livingstone.** — Exploration dans l'Afrique australe et dans le bassin du Zambèze.

1118 à 1121. **Malte-Brun.** — La France illustrée.

88 à 91. **Manuel et Alvarez.** — La France.

1053. **Mézière.** — Hors de France.

537. **Nordenskiold.** — Lettres racontant la Découverte du Passage Nord-Est du Pôle Nord.

75 à 78. **Reclus** (O.). La Terre à Vol d'Oiseau.

396. **Reinach** (J.). — La Serbie et le Montenegro.

634, 635.   —   Voyage en Orient.

715. **Richard.** — Guide classique du Voyageur en France.

887. **Séréna** (Mme Carla). — De la Baltique à la Mer Caspienne.

385. **Sommet.** — La ville de Vézelay.

626. **Soret et Périgot.** — Petite Géographie pour le département de la Haute-Marne.

79. **Stanley**. — Voyages et Aventures à travers l'Afrique (1874-1877).

1059. **Taine** (H.). — Voyage aux Pyrénées.

82. **Tissot** (V). — Les Prussiens en Allemagne.

83.   —   Voyage aux Pays annexés.

1.   —   Le Tour du Monde (1878).

150 **Tyndall**. — Dans les Montagnes.

772. **Vambery**. — Voyage d'un faux Derviche dans l'Asie centrale.

1026 à 1028. **Verne** (J.). — Découverte de la Terre. — Histoire des grands Voyages.

24, 25.   —   Géographie de la France et des Colonies.

467 à 472.   —   Histoire des grands Voyages et des grands Voyageurs.

628, 629. — Abrégé de tous les Voyages autour du Monde.

1304. — Annuaire de la Haute-Marne.

HISTOIRE

1226. **Andréi** (A.). — Les Jésuites.

27. **Armagnac** (L). — Histoire de Turenne.

313. **Asseline** (L.). — Histoire de l'Autriche depuis la mort de Marie-Thérèse jusqu'à nos jours.

497 **Aubin** (E.). — Les Enfants cé'èbres.

493. **Auquez.** — Le Chevalier de l'Hospital.

911. **Bayonne.** — Le Monastère des Dominicains à Langres.

1322, 1323. **Bailly.** — Histoire financière de la France.

697. **Barni** (J). — Napoléon Ier.

644. **Bastide.** — La Guerre de la Réforme.

643.   —   Lettres religieuses des premiers siècles.

951. **Baudot** — Napoléon Ier.

885. **Beaune** (H). — Voltaire au Collège.

1328. **Bernard** (F.). — Les Évasions célèbres.

937, 938. **Blanc** (L.). — Histoire de la Révolution.

1228.   —   Napoléon.

687. **Blezzy** (H.). — Les Colonies anglaises.

376. **Blondeau** (A.). — L'Odyssée du sergent Hoff.

323. **Boissonnas** (Mme B.). — Un Vaincu, souvenirs du général Robert Lee.

699. **Bondois** (P.). — L'Europe contemporaine.

192. **Bonnechose** (E. de) — Lazare Hoche.

1114. **Bonnefoy** (M.). — La France héroïque.

1204.   —   Histoire du bon vieux temps.

705. **Bonnemère** (E.). — Histoire de la Jacquerie.

496.   —   Histoire de quatre Paysans.

486.   —   La Prise de la Bastille.

29, 30. **Bordier** et **Charton.** — Histoire de France.

868, 869. **Boucher.** — Histoire dramatique des Jésuites.

533. **Bourloton** (E.). — L'Allemagne contemporaine.

28. **Bouteiller** (E. de). — Le Maréchal Fabert, d'après ses mémoires et sa correspondance.

1532 à 1535. **Bréant.** — Histoire universelle.

641. **Buchez.** — Les Carlovingiens.

640.   —   Les Mérovingiens.

675, 676. **Carnot** (H). — La Révolution Française.

426, 427. **Casanova.** — Mémoires.

771. **Caylus** (Marquise de). — Souvenirs.

356. **César.** — Commentaires.

33 à 40. **Chalamel** (A.). — Mémoires du peuple Français.

530. **Chanzy** (général). — La Deuxième armée de la Loire.

769. **Chassin.** — L'Église et les derniers Serfs.

430. **Claretie**. — Les derniers Montagnards.

428, 429.   —   Histoire de la Révolution 1870-1871.

666. **Collas** (L.). — Histoire de l'Empire Ottoman.

660. **Combes** (L.). — La Grèce Ancienne.

1245. **Condorcet**. — Vie de Voltaire.

299. **Corneille**. - Chefs d'Œuvres.

1238, 1239. **Cornelius Nepos**. — Vie des grands Capitaines.

1347. **Crémieux** (A.). — En 1848.

1305. **Daguin**. — Les Prussiens à Nogent.

433. **Dalsène**. — Le Siège de Bitche.

261. **Dauban**. — Histoire Romaine.

627, 1190. **Delplan** (A.). — La Révolution Française. — Résumés, Notices,
Lectures.

492. **Depasse** (H.). — Carnot.

392. **Deschanel** (E.). — Christophe Colomb et Vasco de Gama.

657. **Despois** (E.). — Révolution d'Angleterre (1603-1688).

528.   —   Le Vandalisme révolutionnaire. — Fondations litté-
raires, sciencifiques et artistiques de la Convention.

673. **Doneaud** (A.). — Histoire de la Marine Française.

1195, 1196 **Dubail** (E.). — Précis d'Histoire militaire.

1361. **Duclos**. — Mémoires relatifs à l'Histoire de France.

957. **Dumas** (A.). — Gaule et France.

776. **Dumont** (A.). — L'Administration et la Propagande prussienne en Alsace.

220. **Dupin de St-André** (A.). — **Livingstone**. — Histoire **abrégée**
de sa vie.

504. **Duvergier de Hauranne**. — Histoire populaire de la Révolution Française.

908. **Esquiros** (A.). — Les Martyrs de la Liberté.

458. **Freycinet** (De). — La Guerre en province pendant le Siége de
Paris (1870-1871).

695. **Gaffarel** (P.). — La Défense nationale.

968. **Garibaldi**. — Les Mille.

933. **Gauthier** (H.). — Pendant le 16 Mai.

1399. **Girardin** (E. de). — Dossier de la Guerre 1870.

251, 252 1158. — **Hugo** (V.) — Histoire d'un Crime.

389. **Huber** (J.). — Les Jésuites.

442 à 444, 1185 à 1187. — **Iung** (Th.). — Bonaparte et son Temps.

1137. **Jeudy Dugour**. — Histoire de Cromwell.

235. **Joinville**. — Histoire de saint Louis.

488. **Kergomard** (J.). — Washington.

487.   —   (Mme P.). — L'amiral Coligny.

391.   —   Galerie enfantine des Hommes illustres.

505. **Lacombe** — Petite Histoire du Peuple Français.

542. **Lacretelle** (de). — Lamartine et ses Amis.

43 à 48. **Lafayette** (général). — Mémoires, Correspondances et Manuscrits.

531. **Lamartine**. — Balzac et ses Œuvres.

405 à 412. **Lamartine.** — Histoire de la Turquie.

387   —   Cicéron.

956   —   Jeanne d'Arc.

961. **Landelle** (de la) — Jean Bart et Ch. Kyser.

445 à 449. **Lanfrey.** — Histoire de Napoléon Ier.

1422, 1423. **Latour** (A. de). — Petits Chefs-d'Œuvre historiques.

326. **Lavallée.** — Les Frontières de la France.

450 à 457. **Lavallée** (Th.) et **Lock** (Fr.). — Histoire des Français.

314. **Lavergne** (L). — Les Assemblées provinciales sous Louis XVI.

777. **Lecoq** (G.). — La Prise de la Bastille et ses Anniversaires.

909.   —   (A) — La Prise de la Bastille.

703. **Lefèvre** (A.). — Le vrai Napoléon Ier.

72. **Legouvé.** — Lamartine.

372.   —   Sully.

260. **Lemercier** (A.). — Conquête de Grenade.

329. **Linguet.** — Mémoire sur la Bastille.

663. **Lock** (F.). — Histoire de la Restauration.

674.   —   Jeanne d'Arc.

233. **Loyal-Serviteur** (Le). — Histoire abrégée de Bayard.

357. **Mablz.** — Entretiens de Phocion.

194. **Marais** (A.). — Garibaldi et l'Armée des Vosges.

920. **Marmontel.** — Les Incas.

312. **Martin** (H.). — Daniel Manin.

603.   —   Histoire de France.

491.   —   Jeanne d'Arc.

1078, 1079, 1080, 1081. **Michaud** (E.). — Louis XIV et Innocent X.

70. **Michel** (G.). — Histoire de Vauban.

873. **Michelet.** — Abrégé de l'Histoire de France. — Moyen-Age.

787.   —   Les Croisades.

507.   —   Les Femmes de la Révolution.

788.   —   François Ier et Charles-Quint.

866.   —   Les Grandes Journées de la Révolution.

509 à 527.   —   Histoire de France.

402 à 404.   —   Histoire du XIXe Siècle.

239, 240.   —   Histoire romaine, République.

237, 238.   —   Précis d'Histoire moderne.

875.   —   Précis de la Révolution française.

1706.   —   La Sorcière.

508.   —   Les Soldats de la Révolution.

874.   —   Temps modernes.

929. **Michiels** (A). — Histoire de la Guerre Franco-Prussienne et ses Origines

311. **Mickiewicz** (A.) — Histoire populaire de la Pologne.

339. **Mignet.** — Vie de Franklin.

1154. **Mirecourt** (E de). — Cornemin.

299. **Montesquieu**. — Considérations sur la Grandeur des Romains et de leur Décadence.

361.   —   Lettres Persanes. — Grandeur et Décadence des Romains.

642. **Morin** (F.). — La France au moyen âge.

415. **Moulin** (H.). — Les Marins de la République.

1791. **Musset** (P. de). — Biographie de A. de Musset. Sa Vie et ses Œuvres.

995. **Ninna** (A.). — L'Affaire Léotade.

669. **Ott**. (A.) — L'Asie occidentale et l'Egypte. — Histoire ancienne.

650.   —   L'Inde et la Chine.

645. **Pelletan** (E.). — Décadence de la Monarchie française.

201.   —   Royan. — La Naissance d'une Ville.

922. **Peter-Parlay**. — Histoire de la Chine.

1107. **Pey** (A.). — L'Allemagne d'aujourd'hui.

356. **Plutarque**. — Vie de César.

459. **Pompéry** (E. de). — Voltaire. Sa Vie. Son Caractère. Ses Œuvres.

195. **Poullet** (Colonel). — Le Général Cremer. Ses Opérations militaires (1870-1871).

758. **Quinet** (E.) — La Campagne de 1815.

755 à 757.   —   La Révolution.

188. **Rambaud** (A.). — L'Allemagne sous Napoléon Ier (1804-1811).

189.   —   Français et Russes. Moscou et Sébastopol (1812-1854).

187.   —   Les Français sur le Rhin (1792-1804).

190.   —   Histoire de la Russie.

423. **Ranc** (A.). — De Bordeaux à Versailles.

668. **Raymond** (E.). — L'Espagne et le Portugal.

490. **Remember**. — Histoire du Ministère Polignac.

396. **Reinach** (J.). — La Serbie et le Montenegro.

193. **Reynald** (H.). — Histoire de l'Angleterre depuis la mort de la reine Anne.

506.   —   Mirabeau et la Constituante.

1296. **Rivière**. — Procès du maréchal Bazaine.

768. **Rocquain** (F.). — Etudes sur l'ancienne France.

358, 359, 366, 367, 1301. **Roland** (Mme). — Mémoires.

655. **Rolland** (Ch.). — Histoire de la Maison d'Autriche.

357, 1151. **Saint-Réal**. — Don Carlos. — Conjuration des Espagnols contre Venise.

1133. **Sage** (Le). — Turcaret.

1134. **Schiller**. — Guillaume Tell.

716 à 734. **Ségur** (Comte de). — Histoire ancienne.

735 à 753.   —   Histoire du Bas-Empire.

969, 970. **Sismondi** (De). — Histoire de la Chute de l'Empire romain.

704, 1152. **Sorin** (E.). — J. Grévy.

489. **Steeg** (J.). — L'Edit de Nantes et sa Révocation (1598 1685).

1203. **Stern** (D.). — Histoire de la Révolution de 1848.

1242, 1243. **Suétone**. — Histoire des douze Césars.

892, 893. **Ténot** (E.). — Histoire du Coup d'État.

945. **Thévenin** (E.). — Le Coup d'État du Deux-Décembre.

2 à 7, 1002 à 1021. **Thiers**. — Histoire du Consulat et de l'Empire.

760 à 767.　　　　—　　　　Histoire de la Révolution française.

529. **Tissot** (J.) — Turgot.

1054.　　—　　(V). — La Russie et les Russes.

74. **Tocqueville** (De). — L'ancien Régime et la Révolution

191. **Topin** (M.). — L'Europe et les Bourbons sous Louis XIV.

1520. **Vallet de Vérizille**. — Procès et Condamnation de Jeanne d'Arc.

595 à 602 **Vaulabelle** (De). — Histoire de deux Restaurations.

23.　　　　　—　　　　　Ligny. — Waterloo.

1144 à 1147. **Vermorel**. — Mirabeau.

316. **Véron** (E.). — Histoire de l'Allemagne depuis la bataille de Sadowa.

315.　　—　　Histoire de la Prusse depuis la mort de Frédéric II jusqu'à la bataille de Sadowa.

236. **Villemain**. — Vie du Chancelier de l'Hospital.

259, 293, 1279. **Voltaire**. — Histoire de Charles XII.

1280.　　　—　　　Histoire de l'Empire de Russie.

258, 842, 843, 1229 à 1232, 1275 à 1278. **Voltaire**. — Siècle de Louis XIV.

684. **Zévort** (E.). — Histoire de Louis-Philippe.

959. **Zola**. — La Conquête de Plassans.

1164. Les Amours secrètes de Pie IX.

425. Biographie populaire de Gambetta.

1165. La Guerre de Tunisie.

927. Journal officiel de la Commune (19 mars au 24 mai 1871).

928. Papiers secrets et Correspondances du second Empire.

1524, 1525. Papiers et Correspondance de la l'amille impériale.

1034. Procès du maréchal Bazaine.

SCIENCES

1321. **Baile** (G.). — L'Electricité.
 305. **Bautier** (A.) — Tableau analytique de la Flore parisienne.
1646. **Beaumis** (A.). — Le Somnambulisme provoqué.
1428. **Bénester-Lunel** (Dʳ.). — Falsification des Aliments.
 678. **Blerzy** (H.). — Torrents, Fleuves et Canaux de la France.
 683. **Boillot** (A.). Entretien sur la pluralité des mondes par Fontenelle, mis au courant de la Science.
 672. **Brothier** (L.). — Causeries sur la Mécanique.
 646. — Histoire de la Terre.
1348. **Brun** (J.). — Fraude et Maladie des Vins.
1334. **Cadiat** et **Dubost**. — Traité pratique d'Electricité.
1336. **Caput** (G.). — L'Œuf.
 651. **Catalan** (E.). — Notions d'Astronomie.
1335. **Cazin** (A.). — Etincelles Electriques.
1342. **Collignon** (E.). — Les Machines.
 637. **Cruveilhier** (Dʳ.). — Eléments d'Hygiène générale.
1782. **Cullera** (Dʳ). — Magnétisme et Hypnotisme.
1356. **Delevan** (G.). — La Matière et ses Transformations.
 806. **Enfantin** et **Saint Simon**. — Science de l'Homme, Physiologie religieuse.
 257. **Fabre**. — La Terre.
 213. **Faraday**. — Histoire d'une Chandelle.
 681. **Ferrières** (E.). — Le Darwinisme.
 328. **Flammarion** (C.). — Astronomie populaire.
 330, 807. — Histoire du Ciel.
 332. — Les Merveilles célestes.
1536. — Le Monde avant la création de l'Homme.
 334. — Les Mondes imaginaires et les Mondes célestes.
 338. — Petite Astronomie populaire.
 633. — La Pluralité des Mondes habités.
 378. — Récits de l'Infini.
 335. — Vie de Copernic.
 879. — Voyages aériens.
1225. — Les Voyages merveilleux.
1783. **Fontaine** (H.). — Transmission électrique.
1141. **Fontenelle**. — La Pluralité des Mondes.
 658. **Gatineau** (B.). — Les Génies de la Science et de l'Industrie.
 689. **Geitrié** (A.). — La Géologie.
 432. **Gérard** (J.). — Le Monde microscopique des Eaux.
1398. **Girard** (M.). — Les Métamorphoses des Insectes.
 693. **Girard de Rialle**. — Les Peuples de l'Afrique et de l'Amérique.
1269. **Graffigny**. — De la Terre aux Étoiles.

158. **Gratiolet** (P.). — De la Physionomie et des Mouvements d'expression.
368. **Guillemin** (A.). — Les Chemins de Fer.
414. **Hérault** (Dʳ A.). — Les Secrets de la Science, de l'Industrie et de l'Économie domestique.
698. **Huxley** (Th.). — Premières Notions sur la Science.
688. **Lévy** (A.). — Histoire de l'Air.
942. **Letourneau** (Ch.). — Bibliothèque des Sciences Contemporaines.
1031. **Lola Monty.** — L'Art de la Beauté.
  96. **Macé** (J.). — L'Arithmétique du Grand-Papa. — Histoire de deux petits Marchands de pommes.
  93 , 1429.   —   Histoire d'une Bouchée de Pain.
  94.   —   Les Serviteurs de l'Estomac.
665. **Margollé** (E.). — Les Phénomènes de la Mer.
212. **Meunier** (Mme). - Le Docteur au Village. — Entretiens familiers sur l'Hygiène.
431. **Meunier** (S.). — La Terre Végétale.
1446. **Moncel** (Th. du). — L'Éclairage Électrique.
1447.   —   Le Téléphone.
211. **Montmahon** (Comte de). — La Vie et les Mœurs des Insectes.
636. **Morand** (J.). — Introduction à l'Etude des Sciences Physiques.
1454. **Niaudet** (A.). — Traité Élémentaire de la Pile électrique.
383. **Patézon** (Dʳ). — Etudes sur la Goutte et la Gravelle.
1457. **Percheron** (G.). — La Rage.
166 à 169. **Rambosson** (J.). — La Science Populaire.
162. **Reclus** (E.). — Histoire d'un Ruisseau.
670. **Richard** (Ch.). — Origine et Fin des Mondes.
923. **Riencourt** (Comte de). — Manuel des Blessés et des Malades pendant la Guerre.
418. **Rodin** (H.) — Les plantes Médicinales et usuelles.
943. **Rouvin** (Ch) — La Tête humaine, étude de Phrénologie.
647. **Sanson** (A) — Les Principaux faits de la Chimie.
679. **Secchi** (la P.), **Wolff** et **Delannoy.** — Les Etoiles et les Comètes.
1474. **Serione.** — Les Maladies de la Vigne.
215. **Simonin** (L.). — Les Merveilles du Monde Souterrain.
1784. **Tamine** (R.). — Accumulateur Electrique.
1500. **Temple** (L. du). — Transmission de la Pensée.
214. **Tissandier** (G.) — L'eau.
1777.   —   Les Merveilles de la Photographie.
1502.   —   La Navigation Aérienne.
301, 302. **Trumer** (C. M.) — Nouvelle Histoire Naturelle.
648. **Turck** (Dʳ.) Médecine Populaire.
1780. **Violet-Leduc.** — Comment on devient Dessinateur.
1781.   —   Comment on construit une Maison.
1516. **Voitellier.** — L'incubation Artificielle.
690. **Zabovowski.** — Les Migrations des Animaux et le Pigeon Voyageur.
667. **Zurcher** (F). — Les Phénomènes de l'Atmosphère.

692. **Zurcher** et **Margollé** — Les Phénomènes Célestes.
677.   —   Télescopes et Microscopes.
8,9. La Nature (1878).
377. La Science pour tous (1879).

AGRICULTURE

1638. **About** (E.). — A. B. C. du Travail'eur.
1360. **Dubos** (E.) — La Vache lai'ière.
 480. **Dubost** et **Pacout** Comptabilité de la Ferme.
 478. **Gasparin** (Comte de). — Métayage.
1395, 1396. **Gayot** (E.). — Habitations des Animaux.
 477. **Heuzé** (G.). — Le Porc.
1401. **Hocfer** (Docteur). — Dictionnaire de l'Agriculture.
1410, 1411. **Joigneaux** (P.). — Le Livre de la Ferme.
 297.   —   Les Champs et les Prés.
 218.   —   Les Veillées de la Ferme de Tourne Bride.
 926. **Latache** (A.). — Catéchisme du Cultivateur.
 482. **Léouzon** (L.). — Manuel de la Porcherie.
1425. **Leroy** (E.). — Aviculture.
1434. **Magne** (J.-H.) — Choix et Nourriture du Cheval.
 474.   —   Choix des Vaches laitières.
1430.   —   Race bovine.
1431.   —   Race chevaline.
1432.   —   Race ovine.
1433.   —   Race Porcine.
1437. **Mairiot-Didieux**. — Education des Lapins.
1199 à 1201. **Mauguin**. — Etudes historiques sur l'Administration de
         l'Agriculture en France.
 473. **Pelletan** (J.). — Pigeons, Oies, Dindons et Canards.
 481. **Sanson** (A.). — Notions usuelles de Médecine vétérinaire.
 475. **Vial**. — L'Engraissement des Bœufs.
 479. **Vidalin** (P.). — Pratique des Irrigations en France et en Algérie.
 476. **Villeroy** (F.). — Manuel de l'Eleveur des Bêtes à cornes.

HORTICULTURE

1814. **André** et **Baltet** (Ch.). — Composition des Parcs et Jardins ; — les meilleures Pommes à cultiver ; — Visite à la Villa Tourasse.
794 **Baltet** (Ch.). — L'Art de greffer.
793. — Culture du Poirier.
1351. **Blanchère** (H. de la). — Les Plantes dans les Appartements.
1346. **Courtois-Gérard**. — Manuel pratique de Jardinage.
1424. **Lefèvre** (A.). — Les Parcs et les Jardins.
792. **Naudin**. — Le Potager.

CHASSE, PÊCHE, ETC.

170. **Blanchère** (H. de la). — Aventures de la Ramée et de ses trois Compagnons.
369. **Bombonnel**. — Le Tueur de Panthères.
1649. **Cassassoles** (F.). — Guide du Chasseur au Chien d'arrêt.
1397. **Gérard** (J.). — Mes dernières Chasses.
  81.   —   Le Tueur de Lions.
1438. **Massas** (C. de). — Le Pêcheur à la Mouche artificielle.
304. **Roret**. — Nouveau Manuel complet du Pêcheur.

ÉCONOMIE DOMESTIQUE

1523. **Gastronome** (Un). — L'Art d'accomoder les Restes.
 161. **Hippeau** (E.). — Cours d'Économie domestique.
 216. **Joignaux**. — Conseils à la jeune Fermière.

ART MILITAIRE

1195, 1196 **Dubail** (E). — Précis d'Histoire militaire.
1381. **Freycinet** (C. de) — La Guerre en Province.
1192, 1193. **Marga** (A.). — Géographie militaire.
 790. **Officier en retraite** (Un). — L'Armée française (1879).
1194. **Pichat** (A.) — Géographie militaire du Bassin du Rhin.
 789. **Poullet** (Colonel). — Essai sur l'Armée nouvelle.
 300. Nouvelle Organisation militaire de la France et de son Fonctionnement.

RELIGION

1631. **Abbé ...** (L'). — Le Prêtre et la République.
174. **Arbousse-Bastide.** — Le Christianisme et l'Esprit moderne.
936. **Chantre** (Un). — Les Sermons de mon Curé.
1656. **Courbet** (G). — La Mort de Jeannot. — Les Frais du Culte.
1827 à 1830. **Dupuis.** — L'Origine des Cultes avec Atlas contenant planches
      à l'appui.
1294. **Dupuis** — Abrégé de l'Origine des Cultes.
41, 42. — **Hugo** (V.). — Religions et Religion.
1697. **Jacoillot** (L). — Les Fils de Dieu.
1153. **Lecoq** (G.). — Les Congrégations religieuses.
631. **Meslier** (le curé). — Le bon Sens.
632.   —   Ce que sont les Prêtres.
1108. **Michaud** (E.). — Comment l'Eglise romaine n'est plus l'Eglise catho-
      lique.
204. **Morin** (A.-S.). — Le Prêtre et le Sorcier. — Statistique de la Superstition.
985. **Parny** (E.). Les Galanteries de la Bible.
1163.   —   La Guerre des Dieux.
947. **Poitevin** (L.). — La Grande Neuvaine.
163. **Proudhon** (P.-J.). — Les Evangiles annotées.
1721. **Roche** (J.). — Le Budget des Cultes.
958. **Renan** (E.). — Vie de Jésus.
988, 989. **Taxil** (L.). — Les Bêtises sacrées.
987.   —   C'est nous qui fouettons ces vieux Polissons.
991.   —   La Clique noire.
1162, 1191.   —   La Confession et les Confesseurs.
990.   —   Les Friponneries religieuses.
992, 1206.   —   Le Livre qu'il ne faut pas faire lire
1224.   —   Les Secrets de la Confession.
795, 939. **Terson.** — Supprimer le Prêtre, serait ce supprimer la Religion ?
1298, 1299, 1770. **Volnay.** — Les Ruines.
952, 953, 954. **V...** (Louis). — Qu'est-ce que le Pape ?

DICTIONNAIRES

1401. **Hoefer** (Docteur). — Dictionnaire de l'Agriculture.
661, 662. **Lacroix** (E.). — Dictionnaire industriel.
413. Manuel encyclopédique du Commerce.

PUBLICATIONS PÉRIODIQUES

936, 1170. **Singuerlet** (E.). — Revue Alsacienne (1880-1881).
10 à 14. Magasin pitoresque (1872-1873 1875-1878-1879).
1807, 1808.   —
1117. Musée des Familles.
8, 9. La Nature (1878).
895. 896, 897. — Nouvelle Revue (1879 1880-1881).
1. Le Tour du Monde (1878)

ŒUVRES DIVERSES

292, 362. **Alembert** (D'). — Discours préliminaires de l'Encyclopédie. — Sur la Destruction des Jésuites en France.

1802 à 1806.   —   Œuvres complètes.

99. **Bernardin de St-Pierre**. — Œuvres choisies.

350, 1300. **Brillat-Savarin**. — Physiologie du Goût

1330. **Briaun**. — Du Prix des Grains.

1331, 1332. **Buffon** (de). — Œuvres choisies.

156. **Colombey** (E.). — L'Esprit des Voleurs.

346. **Courrier** (P.-L.). — Chefs d'Œuvres.

1307. **Daguin**. — La Coutellerie de la Haute-Marne.

1240, 1241. **Dante**. — L'Enfer.

360. **Desmoulins** (C.). — Œuvres.

778, 905, 906. **Diderot**. — Morceaux choisis.

272, 273   —   Œuvres choisies.

49 à 68.   —   Œuvres complètes.

803.   —   Odyssée et Poésies homériques.

1608. **Diderot** et d'**Alembert**. — Encyclopédie. Amusement des Sciences.

1562 à 1568.   —   —   Art militaire.

1551 à 1561.   —   —   Arts et Métiers.

1569 à 1572.   —   —   Beaux-Arts.

1587 à 1593.   —   —   Chimie.

1609, 1610.   —   —   Chirurgie.

1628 à 1630.   —   —   Commerce.

1544 à 1550.   —   —   Géographie.

1579 à 1582.   —   —   Grammaire, Littérature.

1537 à 1543.   —   —   Histoire.

1585, 1586.   —   —   Histoire naturelle.

1611 à 1623.   —   —   Jurisprudence.

1624 à 1627.   —   —   Jurisprudence, Police et Municipalité.

1573 à 1578.   —   —   Marine.

1594 à 1607.   —   —   Médecine.

1583 à 1584.   —   Philosophie.

1189. **Dutailly, Lanessan** (de). — Œuvres choisies de Diderot (centenaire).

808 à 823. **Enfantin**. — Œuvres.

840.   —   La Vie éternelle.

1408. **Un Ignorant**. — M. Pasteur.

230. **Florian**. — Fables suivies de son Théâtre.

1209. **Hervilly** (E. d'). — Caprices.

226. **Laboulaye**. — Discours populaire.

1812. **Laffalay**. — Nouveau Manuel des Octrois.

228. **Lamartine**. — Lectures pour tous.

129.   —   Le Manuscrit de ma Mère.

279 à 283. **Lanessan** (de). — Conférence à Langres sur Diderot.

72. **Legouvé**. — Lamartine.

386. **Lévy** (A.). — La Légende des Mois.

290 à 348. **Maistre** (X. de). — Œuvres.

1436.   —   Œuvres complètes.

241. **Michelet**. — La Femme.

931. **Mongin** (Ch.). — Conférences à la Réunion des Professeurs de Clamecy.

361. **Montesquieu**. — Lettres persannes. — Grandeur et décadence des Romains.

1797 à 1799. **Musset** (A. de). — Nouvelles.

1212. **Naquet** (A.). — Œuvres posthumes de Gaston Crémieux.

32. **Rainaud** (J.). — Lectures variées.

320. **Rolland** (A.). — Lettres inédites de la princesse Palatine.

1466. **Rolland** (Mme). — Bibliothèque des Mémoires.

284, 285. **Rousseau** (J.-J.). — Confessions.

824 à 834. **Saint-Simon**. — Œuvres.

382. **Souvestre** (Ch.). — Sur les genoux de l'Eglise.

400.   Une Visite à Mettray.

274 à 278. **Société républicaine d'Instruction**. — Conférences.

913 à 917. **Société républicaine d'Instruction**. — Conférences.

934. **Spuller**. — Conférences populaires.

164, 310, 630, 901, 902. **Voltaire**. — Œuvres choisies.

1297. Bibliothèque populaire.

1809, 1810. Brochures diverses.

1169. Correspondance politique et militaire d'Henri-le-Grand avec Jean Roussat, maire de Langres.

835, 836. Doctrines Saint-Simonniennes.

997. Ecrivains et Artistes. Paris guide.

1157. Guide-Livret de l'Exposition universelle 1878.

318. La Lecture en Famille.

1171 à 1178. La Ligue d'enseignement, comptes-rendus.

1779. **Musset** (A. de). — Œuvres posthumes.

370. Mouvement du sou contre l'ignorance.

837 à 839. Religion Saint Simonnienne. Prédications.

841.   —   —   Procès.

1820. **X*****. — Les Mille et une farces, ou le Farceur universel.